Rehabilitation und Rehabilitationspsychologie. Leistungsarten, Krankheitskonzept sowie Selbstwirksamkeitserwartung nach Bandura

GRIN

Bibliografische Information der Deutschen Nationalbibliothek:

Die Deutsche Nationalbibliothek verzeichnet diese Publikation in der Deutschen Nationalbibliografie; detaillierte bibliografische Daten sind im Internet über http://dnb.d-nb.de abrufbar.

ISBN: 9783346792181
Dieses Buch ist auch als E-Book erhältlich.

Inhaltsverzeichnis

Abkürzungsverzeichnis

Abkürzung	Bedeutung
Aufl.	Auflage
bspw.	beispielsweise
bzw.	beziehungsweise
d. h.	das heißt
ggf.	gegebenenfalls
Hrsg.	Herausgeber
https	Hypertext Transfer Protocol Secure
Reha	Rehabilitation
S.	Seite
SBG	Sozialgesetzbuch
u. a.	unter anderem
URL	Uniform Resource Locator
usw.	und so weiter
Vgl.	Vergleiche
z. B.	zum Beispiel

Genderhinweis

Aus Gründen der besseren Lesbarkeit wird in dieser Einsendeaufgabe die Sprachform des generischen Maskulinums angewendet.

Es wird an dieser Stelle darauf hingewiesen, dass die ausschließliche Verwendung der männlichen Form geschlechtsunabhängig verstanden werden soll.

1 Einführung

Der erste Teil der Einsendeaufgabe befasst sich mit den fünf Leistungsarten der Rehabilitation, welche im Folgenden beschrieben und anhand von fiktiven Beispielen konkretisiert werden sollen. Bei der Konkretisierung anhand der Beispiele liegt der Fokus auf der Umsetzung der gesetzlichen Aufgaben durch die Kostenträger. Im Folgenden wird der Begriff Rehabilitation kurz definiert und in den Kontext der Aufgabe eingeordnet. Dies dient als Grundlage für die Erläuterung der Leistungsarten und der Konkretisierung anhand der Kostenträger, welche ebenfalls erwähnt werden.

1.1 Fünf Leistungsarten der Rehabilitation

„Unter Rehabilitation versteht man den Einsatz und die Wirkung von Maßnahmen zur Wiederherstellung der körperlichen, seelischen und sozialen Gesundheit. Angestrebt wird die Wiedereingliederung in den Alltag und/oder das berufliche Leben. Speziell die medizinische Rehabilitation strebt die Beseitigung oder Milderung eines entstandenen Gesundheitsschadens an."[1] Die Grundlage für Rehabilitationsmaßnahmen ist eine Schädigung der körperlichen, seelischen oder sozialen Gesundheit. Diese Grundlage demonstriert die Komplexität und Mehrdimensionalität des Begriffs und des Rehabilitationskonzepts, das auf einer Vielzahl an möglichen Schädigungen der menschlichen Gesundheit beruht. Rehabilitation stellt einen Prozess dar, der keinen universellen Verlauf hat, sondern an den jeweiligen Einzelfall angepasst werden sollte, um das bestmögliche Ergebnis zu erzielen. Dabei kann nicht in jedem Fall eine vollständige Wiederherstellung eines Gesundheitszustandes erfolgen, sondern bereits eine Minderung des gesundheitlichen Schadens ist ein angestrebtes Ziel einer Rehabilitation. In beiden Fällen steht die Verbesserung des gesundheitlichen Zustandes des Patienten im Fokus. Oft beschränkt sich das Gesundheitswesen auf die medizinische Rehabilitation und vernachlässigt die

---

[1] Beise, Heimes (2009), S. 33.

anderen Bereiche.[2] Die Rehabilitation gliedert sich in fünf Leistungsarten, die im Folgenden vorgestellt werden.

1.1.1 Medizinische Rehabilitation

Das Sozialgesetzbuch führt Leistungen zur medizinischen Rehabilitation an, welche chronische Krankheiten und Behinderungen verhindern, heilen bzw. deren Auswirkungen ausgleichen sollen. Aufgrund der Maßnahmen der medizinischen Rehabilitation wird eine Verbesserung des gesundheitlichen Zustandes bzw. eine Verschlechterung der Krankheit angestrebt. Ziel ist es auch, Einschränkungen der Erwerbsfähigkeit und Pflegebedürftigkeit zu verhindern, zu mindern oder zu beenden. Damit werden die beiden Grundsätze der Rehabilitation angesprochen. Zum einen die Rehabilitation vor der Pflege und die Rehabilitation vor der Rente.[3]

Die medizinische Rehabilitation kann ambulant oder stationär stattfinden und umfasst komplexe Bereiche, wie z.B. eine Anschlussrehabilitation nach einem Krankenhausaufenthalt, eine familienorientierte Rehabilitation, die Frühförderung von Kindern mit Behinderungen und von Kindern, die aufgrund von Krankheiten von einer möglichen Behinderung bedroht sind. Die medizinische Rehabilitation wird in mehrere Phasen unterteilt (A-F), wobei A die Frührehabilitation umfasst und F eine Langzeitrehabilitation.[4] Eine psychologische Intervention ist bei der medizinischen Rehabilitation von großer Bedeutung.[5]

Einer der Kostenträger für die Maßnahme ist die Deutsche Rentenversicherung. Die erkrankte Person kann online einen Antrag stellen, welcher im Anschluss bearbeitet wird. Hierbei ist es wichtig, einen Befundbericht beizulegen, in dem eine positive Rehabilitationsprognose dargelegt wird. Ziel ist, dass der Patient seine Tätigkeit nach einer erfolgsversprechenden Rehabilitation weiter ausführen kann.[6]

---

[2] Betanet (2022).
[3] Vgl. Betanet (2022).
[4] Vgl. Beise, Heimes (2009), S. 34 – 35.
[5] Vgl. Weis (2000), S. 122.
[6] Vgl. Deutsche Rentenversicherung (2022).

1.1.2 Leistungen zur Teilhabe am Arbeitsleben

Diese Maßnahmen werden auch als "Berufliche Rehabilitation" bezeichnet und sollen die Erwerbsfähigkeit des Menschen erhalten, verbessern, (wieder-) herstellen und nach Möglichkeit dauerhaft sichern. Sie wenden sich an Personen, die aufgrund einer gesundheitlichen Beeinträchtigung Schwierigkeiten haben, einen Arbeitsplatz zu bekommen bzw. ihren Arbeitsplatz zu erhalten. Dazu zählt ggf. auch die Förderung einer Existenzgründung und der Erhalt selbstständiger Tätigkeiten.

Neben der Berufserhaltung gilt es auch, eine Berufsvorbereitung einschließlich einer behinderungsbedingten Grundausbildung zu gewährleisten, wie z.B. ein Angebot an speziellen Kursen für körperlich oder geistig behinderte Menschen und diese an den Umgang mit den nötigen Hilfsmitteln bzw. an die Gebärdensprache oder die Brailleschrift heranzuführen.

Diese Leistungen können ebenfalls die Ausstattung mit speziellen technischen Geräten und die berufliche Bildung in Form von Zusatzqualifizierungen, speziellen Aus – oder Weiterbildungen umfassen.[7] Hier kann als fiktives Beispiel die Rehabilitation von Herrn Müller genannt werden, welcher nach einem schweren Verkehrsunfall im privaten Bereich medizinisch bereits soweit rehabilitiert ist, dass er wieder über die körperlichen Grundvoraussetzungen verfügt, um in seinem alten Bürojob im Verwaltungswesen arbeiten zu können. Dieser Arbeitsplatz muss allerdings aufgrund der körperlichen Beeinträchtigungen von nun barrierefrei gestaltet sein. Daher bedarf es der finanziellen Unterstützung eines Kostenträgers, wie der gesetzlichen Kranken- oder Rentenversicherung.

1.1.3 Unterhaltssichernde und andere ergänzende Leistungen

Ergänzende Rehabilitationsleistungen sind Nebenleistungen während einer beruflichen oder medizinischen Rehabilitation, wie z.B. die Übernahme von

---

[7] Vgl. Betanet (2022).

Reisekosten oder Sozialversicherungsbeiträgen, um dem Patienten die Rehabilitation überhaupt zu ermöglichen.

Im Falle einer Arbeitsunfähigkeit durch einen Unfall oder aufgrund einer chronischen Erkrankung wird die Person finanziell aufgefangen und unterstützt, damit der Betroffene durch die Rehabilitationsmaßnahmen so weit rehabilitiert werden kann, dass dieser nach Möglichkeit vollständig genesen ist und an seinen alten Arbeitsplatz zurückkehren kann.

Dieser Leistungsbereich der Rehabilitation dient als Grundlage für die Umsetzung der medizinischen und beruflichen Rehabilitation und ist von essenzieller Bedeutung für den Patienten. Denn er bietet eine wesentliche Voraussetzung, das Ziel der Rehabilitationsmaßnahmen zu erreichen und zu sichern. Zu den Leistungen zählen z.B. Übergangsgeld, Krankengeld, Transportkosten oder Kinderbetreuungskosten[8]. Dies wird anhand eines fiktiven Beispiels verdeutlicht: Luise Meier, alleinerziehend mit zwei Schulkindern, erhält nach einem leichten Schlaganfall neben einer medizinischen Rehabilitation ebenfalls finanzielle Unterstützung sowie Hilfsangebote bei der Kinderbetreuung. Dieses Gesamtpaket an Leistungen ermöglicht Frau Meier die Rehabilitation, um sie im Anschluss ebenfalls beruflich rehabilitieren zu können. Leistungsträger ist die Bundesagentur für Arbeit.

1.1.4 Leistungen zur Teilhabe an Bildung

Die Leistungen zur Teilhabe an Bildung wurden eingeführt, damit Menschen mit Behinderungen gleichberechtigte Bildungsangebote wahrnehmen können. Beispielsweise, dem Besuch einer allgemeinen oder beruflichen Schule oder auch einer Hochschule.

Die Leistungen sollen keine Finanzierung der schulischen Ausbildung darstellen, sondern die Finanzierung einer Schulbegleitung, einer Assistenz beim

---

[8] Vgl. Betanet (2022).

Hochschulbesuch oder von notwendigen Hilfsmitteln aufgrund einer vorliegenden Behinderung. Hierzu zählen z.B. auch spezielle Computer oder Drucker.

Ein klassisches Beispiel für den schulischen Kontext ist der Fall eines Schulhelfers, der einen Schüler mit einer geistigen oder körperlichen Behinderung im schulischen Alltag in einer Schulklasse unterstützt und diesem einen reibungslosen Schulalltag ermöglicht. In einem anderen Fall besteht eine Studienassistenz aus der Hilfestellung, Vorlesungsinhalte in Gebärdensprache zu übersetzen. Damit wird nicht nur der betroffene Schüler entlastet, sondern auch die jeweilige Lehrkraft, so dass ein flüssiger Unterrichtsverlauf gewährleistet werden kann. Bereiche in denen diese Unterstützungsleistungen bedeutsam sind, sind Maßnahmen zu Gewährleistung von Schulvorbereitungen, von Schulbesuchen im Rahmen der allgemeinen Schulpflicht oder zur Unterstützung einer schulischen Berufsausbildung.

Diese Unterstützungen können auch über die schulpflichtige Zeit hinausgehen, um den Betroffenen eine schulische oder berufliche Ausbildung zu ermöglichen, damit sie am gesellschaftlichen Leben teilnehmen können.

Ziel der Leistungsmaßnahmen ist es, den Menschen während der schulischen Laufbahn so weit zu unterstützen und zu fördern, dass der Übergang in das gesellschaftliche Leben möglichst barrierefrei gelingt. Das folgende Beispiel soll dies verdeutlichen: Leon hat eine stark ausgeprägte Legasthenie und zusätzlich Verhaltensauffälligkeiten in Form einer stark ausgeprägten Konzentrationsschwäche. Ihm wird ein Schulhelfer zur Seite gestellt, der ihm im Unterricht bei der Bearbeitung der Aufgaben hilft und ihn dabei unterstützt, dem Unterrichtsverlauf folgen zu können, so dass ihm die Möglichkeit auf bessere schulische Leistungen trotz seiner Einschränkungen gegeben wird. Dadurch wird gleichzeitig die soziale Ausgrenzung von Leon aufgrund seiner schulischen Leistungen gemindert, und er kann am sozialen Gefüge der Klasse teilnehmen.

1.1.5 Leistungen zur sozialen Teilhabe

Die Leistungen zur sozialen Teilhabe werden auch als "Soziale Rehabilitation" bezeichnet und sollen Menschen mit Behinderungen eine gleichberechtigte

Teilhabe am gesellschaftlichen Leben ermöglichen. Hierzu zählen u.a. Angebote, Vorgänge, die im Alltag beim Wohnen, beim Einkaufen, bei Behördengängen und in der Freizeit Schwierigkeiten bereiten, zu übernehmen oder Hilfestellungen anzubieten. Für die Finanzierung der Leistungen können verschiedene Träger zuständig sein, z.B. der Unfallversicherungsträger, der Träger der Kinder und Jugendhilfe oder der Träger der Eingliederungshilfe."[9]

Für die soziale Rehabilitation bedarf es keiner expliziten Diagnose. Sie umfasst verschiedene Bereiche von Unterstützungsleistungen im Alltag, um tägliche Herausforderungen trotz körperlicher oder geistiger Beeinträchtigungen bewältigen zu können.

Wichtige Ziele sind die Selbstbestimmung sowie die Eigenverantwortlichkeit im Wohnraum und im sozialen Lebensumfeld.[10] Der Begriff der Selbstbestimmung wird in einem anderen Abschnitt der Einsendeaufgabe nochmals ausführlich thematisiert.

„Diese Leistungen sollen den behinderungsbedingten Unterstützungsbedarf in allen Bereichen abdecken, die noch nicht von anderen Leistungen zur Rehabilitation und Teilhabe von Menschen mit Behinderungen erfasst sind. Sie sind „Auffangleistungen" für alles, was in keine andere Kategorie passt."[11]

Das folgende Beispiel dient der Darstellung einer sozialen Rehabilitationsleistung: Lisa und Jannik haben beide eine geistige Behinderung und besuchen die 10. Klasse einer Förderschule. Um beide in die Gesellschaft zu integrieren und mit Gleichaltrigen, ohne eine geistige Behinderung, in Kontakt zu bringen, gehen die beiden Jugendlichen zweimal wöchentlich in ein Jugendhaus und zum Fußballtraining. Zusätzlich wohnen sie in einer Wohngemeinschaft, wo sie durch andere Personen im alltäglichen Leben unterstützt werden.

---

[9] Betanet (2022).
[10] Vgl. Betanet (2022).
[11] Betanet (2022).

2 Gesundheits- und Krankheitskonzepte und deren Bedeutung für eine Inversion in der Rehabilitation

Der zweite Abschnitt der Einsendeaufgabe befasst sich mit den jeweiligen Gesundheits – und Krankheitskonzepten der Patienten sowie mit deren Bedeutung für die Intervention in der Rehabilitation.

2.1 Begriff der Intervention

„Die Interventionen in der Rehabilitation zielen darauf ab, über verschiedene Methoden eine Adaptation an einen mehr oder weniger stabilen Endzustand mit oder ohne technische Hilfen zu erreichen, Fehladaptation zu vermeiden, kompensatorische Leistungen aufzubauen bzw. zu trainieren oder auch die persönliche Umwelt entsprechend den Leistungseinschränkungen zu gestalten."[12]

Interventionen umfassen das gezielte oder geplante Eingreifen in den Rehabilitationsprozess, um Störungen oder Probleme zu beheben bzw. diesen vorzubeugen. Sie zielen darauf ab, den Erfolg der Rehabilitationsmaßnahmen an einem Patienten zu sichern.[13] Oft kann keine vollständige Genesung gewährleistet werden, so dass die Stabilisierung des Gesundheitszustandes und die Linderung der Beschwerden angestrebt werden. Interventionen sind sehr komplex und verfügen über ein breites Spektrum an Behandlungs- und Beratungsmethoden.[14]

Interventionen geschehen im Kontext des Krankheits - oder Gesundheitskonzepts des jeweiligen Patienten, welches subjektiv und immer eine Einzelfallbetrachtung bedarf. Vor diesem Hintergrund findet ein dialogischer Austausch zwischen dem Patienten und dem Behandler statt, d.h. der Behandler muss dem Patienten Informationen über dessen Krankheitszustand vermitteln. Dieser Austausch findet auf der Basis eines individuellen Kenntnisstands und den Interessen des Patienten statt. Aus einer Anamnese entstandene Krankheitskonzepte sollten für den Patienten transparent und nachvollziehbar

---

[12] Weis (2000), S. 122.
[13] Vgl. Weis (2000), S. 122.
[14] Vgl. Weis (2000), S. 122.

sein, um dessen Verständnis und Mitarbeit zu sichern. Sie sollten auf den Patienten so zugeschnitten sein, dass dieser aufgrund seines Verständnisses so motiviert ist, sich in die Rehabilitationsmaßnahmen mit großem Engagement einzubringen. Dies wirkt sich wiederum positiv auf die Behandlungsergebnisse aus.[15]

Beispielhaft sei an dieser Stelle auf tiergestützte Interventionen hingewiesen, die in verschiedensten Disziplinen wie z. B. Psychotherapie, Sonder- und Heilpädagogik, Physio- und Ergotherapie sowie auch in der Rehabilitation Einsatz finden. „Tiergestützte Therapie ist eine zielgerichtete, geplante und strukturierte therapeutische Intervention, die von professionell im Gesundheitswesen (…) ausgebildeten Personen im Rahmen ihrer Praxis angeleitet oder durchgeführt wird."[16] Neben dem Einsatz in einer Bewegungstherapie kommen die Tiere auch während einer Rehabilitation von Patienten mit traumatischen Störungen, an Demenz Erkrankten, Personen mit einer Diagnose aus den Autismus-Spektrum-Störungen oder mit Depressionen in Form einer tiergestützten Intervention zum Einsatz. Die Mensch-Tier-Interaktion bietet einen weiten Anwendungsraum, um Angst, Schmerzempfinden und Depressionen zu reduzieren und positive Stimmungen, Konzentration, Aufmerksamkeit und Motivation zu fördern. Auch die neurobiologische Wirkung von Tieren auf den Menschen zeigt eine Reduktion von Stressreaktionen (Herzfrequenz, Blutdruck, Herzratenvariabilität, Hormon Kortisol) und die Steigerung des Oxytocin-Spiegels.[17]

2.2 Gesundheits- und Krankheitskonzepte

Gesundheits - und Krankheitskonzepte beziehen sich auf die subjektive Wahrnehmung des eigenen gesundheitlichen Zustandes des jeweiligen Patienten, d.h. auf die jeweilige Interpretation der Symptome und deren Auswirkungen, welche von denen der Ärzte oder Psychologen abweichen können.

---

[15] Vgl. Weinman, Heijmans & Figueiras (2003).
[16] Beetz, Riedel, Wohlfahrt (2021), S. 19.
[17] Vgl. Beetz, Riedel, Wohlfahrt (2021), S. 26.

„Gesundheit ist ein Zustand völligen psychischen, physischen und sozialen Wohlbefindens und nicht nur das Freisein von Krankheit und Gebrechen."[18]

„Eine Krankheit (…) ist eine Störung der normalen physischen oder psychischen Funktionen, die einen Grad erreicht, der die Leistungsfähigkeit und das Wohlbefinden eines Lebewesens subjektiv oder objektiv wahrnehmbar negativ beeinflusst. (…) Sozialversicherungsrechtlich wird unter Krankheit das Vorhandensein einer Störung verstanden, die eine Behandlung im Sinne von medizinischer Therapie und Krankenpflege erfordert und eine Arbeitsunfähigkeit zur Folge hat."[19]

Beide Definitionen unterstreichen die Subjektivität der jeweiligen Wahrnehmung eines Zustandes. Gesundheit wird mit Wohlbefinden definiert, wobei Wohlbefinden von jedem Menschen anders definiert wird und nicht generalisierbar ist. Gesundheit ist ein Zusammenspiel mehrerer Faktoren und Reize, die von einer Person verarbeitet und eingeordnet werden. Daher erscheint es wichtig, die Intervention während einer Rehabilitation einzusetzen, um einen therapeutischen Erfolg erzielen zu können.

Bei einer Krankheit handelt es sich um eine Störung dieses Wohlbefindens, welche die Leistungsfähigkeit und die körperlichen Funktionen einer Person einschränkt. Auch diese Störungen werden von einem Patienten unterschiedlich interpretiert und wahrgenommen, da sie auf der persönlichen Ebene unterschiedliche Probleme darstellen. Auch der kulturelle und soziale Hintergrund des Patienten, so wie das individuelle Wissen über die Krankheit sind einflussreiche Determinanten, die das Gefühl von Krankheit bestimmen. Es ist die Aufgabe des Behandelnden, die Rehabilitationsmaßnahmen individuell auf den Patienten abzustimmen, um eine möglichst eine umfassende Rehabilitation zu erzielen. So steht beispielsweise bei einer schweren Covid–19 Erkrankung für Patient A die körperliche Isolation als psychische Schädigung im Fokus der Krankheit, und er fühlt sich psychisch und sozial eingeschränkt.

„Ich befinde mich bereits seit 14 Tagen in meiner Wohnung in Isolation, bereits 2 Tage zuvor musste ich alle Verabredungen mit Freunden und Kollegen absagen, weil ich mich unwohl gefühlt habe und nach der Arbeit direkt nach Hause wollte. Meine Nachbarn gehen alle paar Tage für

---

[18] Mertz (2005), Stichwort Gesundheit.
[19] Graf v. Westpfahlen (2003), Stichwort Krankheit.

mich einkaufen und stellen mir Lebensmittel vor die Tür. Kontakt mit der Außenwelt habe ich nur per WhatsApp, weil ich durch meine Symptome kaum Stimme habe. So habe ich zwei Wochen nur in meinem Bett verbracht ohne richtigen Kontakt zu anderen. Meine Freunde sind alle beschäftigt mit der Arbeit, sind gemeinsam unterwegs und haben daher keine Zeit, um sich mit mir auszutauschen. Und wirklich gut geht es mir auch nicht: ich habe kaum Kraft und bin schnell erschöpft. Bis ich wieder mit meinen Freunden in die Bar gehen kann wird es wohl noch dauern. Gehöre ich nach meiner Isolation noch dazu? Diese Einsamkeit macht mich depressiv." [20]

Für Patient B stehen die körperlichen Beeinträchtigungen durch die Erkrankung im Fokus.

„Ich hatte eine Woche lang so starkes Fieber und Gliederschmerzen, dass ich mich kaum bewegen konnte und der Gang zum Kühlschrank schon zu viel war. Ich bin völlig kraftlos und nicht mal in der Lage, morgens mein Bett zu machen und am Tisch zu frühstücken. Auch die Wohnung konnte ich seit einer Woche nicht mehr putzen. Kaum stehe ich auf und gehe ein paar Schritte, muss ich mich setzen, da ich Kreislaufprobleme bekomme. Ich weiß nicht, wie ich so wieder meiner Tätigkeit als Lehrer nachkommen soll." [21]

Beide Patienten haben die gleiche Erkrankung und sind mit dem Virus Covid-19 infiziert. Die Rehabilitationsmaßnahmen fassen allerdings unterschiedliche Schwerpunkte, welche über Rückmeldebögen ermittelt werden. Diese Rückmeldebögen erfassen in mehreren Abschnitten die Angaben zum jeweiligen Patienten, beschreiben das jeweilige Krankheitskonzept und folgern hieraus therapeutische Maßnahmen, formulieren eine Ergebniserwartung in Bezug auf die Rehabilitation und bewerten erhaltenen Informationen während des Prozesses. [22]

Im Falle einer medizinischen Rehabilitation nach einer schweren Covid–19 Erkrankung muss bei den Patienten A und B unterschiedlich vorgegangen werden. Grundsätzlich steht bei beiden Patienten im Fokus, den psychischen und körperlichen Zustand soweit wieder herzustellen, dass beide möglichst uneingeschränkt in ihre Arbeits- und Sozialleben zurückkehren können.

Patient A hat ein anderes Krankheitskonzept als Patient B. Die Intervention in der Rehabilitation sollte bei Patient A bei der Wiederherstellung der psychischen Gesundheit ansetzen, um sein Wohlbefinden zu steigern. Es bedarf einer

---

[20] Fiktives Beispiel einer Aussage eines Covid – 19 Patienten in der Isolation, welcher mit der psychischen Belastung während der Erkrankung zu kämpfen hat.
[21] Fiktives Beispiel einer Aussage eines Covid – 19 Patienten in der Isolation, welcher mit der körperlichen Belastung während der Erkrankung zu kämpfen hat.
[22] Vgl. Glattacker, Heyduck, Meffert, (2010).

komplexen Konstruktion, um die psychische Gesundheit wieder herzustellen und gleichzeitig einer körperlichen Kräftigung des Körpers. Der Patient fühlt sich sozial ausgeschlossen, vereinsamt und zeigt depressive Symptome. Hier könnte mit Hilfe einer Psychotherapie während der Rehabilitation seine Situation aufgearbeitet werden und das psychische Selbstkonzept, unabhängig von der körperlichen Beeinträchtigung, gestärkt werden. Dabei ist es wichtig, dem Patienten auch die körperliche Schädigung durch die Erkrankung bewusst zu machen. Das Konzept sollte beide Bereiche miteinander verknüpfen, um das Befinden des Patienten dauerhaft positiv zu verändern.

Patient B leidet vorrangig unter der körperlichen Einschränkung durch die Auswirkungen der Erkrankung. Er macht sich allerdings ebenfalls Sorgen um seine berufliche Zukunft. Patient B formuliert ein Krankheits- bzw. Gesundheitskonzept, das auf Faktoren des körperlichen und psychischen Wohlbefindens beruht. Für ihn bedeutet Gesundheit, körperlich belastbar sein zu können und die Möglichkeit zu haben, seinen Beruf ausüben zu können.

Patient A definiert Gesundheit mit sozialer Teilhabe, welche für ihn eine wesentliche Grundlage für sein Wohlbefinden darstellt. Patient B benötigt während der Rehabilitation Interventionen, die ihm körperliche Fortschritte sichtbar machen und seine Angst vor einer Erwerbsunfähigkeit reduzieren. Er muss durch die Interventionen das Vertrauen in seinen Körper zurückerlangen. Dies sollte in kleinen Schritten umgesetzt werden, um dem Patienten die Möglichkeit zu bieten, diese Erfolge bewusst wahrzunehmen und zu verinnerlichen.

Für beide Patienten ist eine Transparenz der Maßnahmen von großer Bedeutung, um das jeweilige Krankheits- und Gesundheitskonzept zu ändern und anzupassen. Beide Patienten zeigen den komplexen Zusammenhang zwischen der physischen, psychischen und sozialen Gesundheit auf, welcher zu Beginn dieses Kapitels erläutert wurden.

3 Selbstwirksamkeitserwartung nach Bandura und ihre Bedeutung bei der kardiologischen Rehabilitation

In diesem Abschnitt der Einsendeaufgabe wird zum einen das Selbstwirksamkeitskonzept von Bandura und seine Quellen vorstellt und zum anderen ein Konzept entwickelt, welches einen Ansatz zur Förderung des Bewegungsverhaltens in der kardiologischen Rehabilitation darstellt.

3.1 Selbstwirksamkeitskonzept nach Bandura

„The strength of people's convictions in their own effectiveness is likely to affect whether they will even try to cope with given situations."[23]

Albert Bandura (1925-2021) gibt an, dass sich die Selbstwirksamkeitserwartung nicht allein auf einzelne, unverbundene Fertigkeiten bezieht. Die Selbstwirksamkeitserwartung zeigt auf, wie eine Person ihre Kompetenzen in Hinblick auf die Bewältigung ihres Lebens und auf die alltäglichen Herausforderungen einschätzt. Diese individuelle Haltung spielt eine zentrale Rolle bei der Planung und Durchführungen von Handlungen. Das Denken, die Gefühle, die Motivation und die Auswahl der Situationen spielen eine zentrale Rolle. Personen mit einer hoher Selbstwirksamkeitserwartung vertreten z. B. im Falle von Lösungen schwieriger Aufgaben die Einstellung, dass sie diese Herausforderung mithilfe ihrer eigenen Kompetenzen bewältigen können. Sie sehen sich der Herausforderung gewachsen. Dadurch gewinnen sie mehr Motivation und Selbstvertrauen, die wiederum einen möglichen Erfolg fördern und damit erneut die grundsätzliche Selbstwirksamkeitserwartung der Person steigern.[24]

Bei einer negativen Selbstwirksamkeitserwartung hat eine Person wenig Vertrauen in die eigenen Fähigkeiten und den Körper. Aufgrund dieser negativen Grundeinstellung entsteht ein Mangel an Motivation, der sich negativ auf die Genesung auswirken kann. Allgemein unterschätzen Personen mit einer niedrigen Selbstwirksamkeitserwartung ihre eigenen Fähigkeiten und neigen zu einer Unterforderung. Sie setzen sich oft zu hohe oder zu niedrige Ziele, davon ausgehend, schwierige Aufgaben ohnehin nicht bewältigen zu können. Sie haben ein unrealistisches Selbstkonzept und hindern sich und ihren Körper daran, konstruktiv mit Herausforderungen und Bedrohungen wie Krankheiten umzugehen. In Bezug auf die Gesundheitsprävention können Menschen mit

---

[23] Bandura (1977), S. 193.
[24] Vgl. Urton (2017), S.2-3.

einer hohen Selbstwirksamkeit es schaffen, schädliche Verhaltensweisen zu ändern (Rauchen, Alkohol, Drogenkonsum). Die Selbstwirksamkeit spielt ebenfalls eine tragende Rolle bei der Therapie zur Bewältigung von Phobien und Ängsten. [25]

Die physischen und psychischen Ressourcen einer Person beeinflussen den Grad des Gelingens, Krankheiten zu vermeiden und das Wohlbefinden zu erhalten. Dabei beziehen sich die physischen auf die körperlichen Leistungen, z. B. die körperliche Fitness und das Immunsystem. Die psychischen Ressourcen umfassen die individuelle Fähigkeit, mit alltäglichen Aufgaben und Stressoren umgehen zu können. Umgekehrt wirkt sich ein psychisches Wohlbefinden auch stärkend auf die allgemeine Immunabwehr. Erneut wird die Relevanz der subjektiven Wahrnehmung deutlich und die Bedeutung des eigenen Verständnisses für den Körper und seine Ressourcen.[26]

3.2 Quellen der Selbstwirksamkeitserwartung

Es werden vier Quellen für eine Prägung der Selbstwirksamkeitserwartung unterschieden, die im Folgenden näher betrachtet werden: eigene Erfahrungen, psychologische Zustände, stellvertretene Erfahrungen und die verbale Ermutigung.

3.2.1 Eigene Erfahrungen

Selbstwirksamkeit entsteht aus dem Lernen aus eigenen Erfahrungen, d.h. aus den eigenen Erfolgen oder Misserfolgen, die in der Vergangenheit erlebt wurden. Personen, die in einer vergleichbaren Situation bereits einmal eine Aufgabe erfolgreich geschafft haben, trauen sich die Bewältigung dieser oder ähnlicher Problemstellungen auch in Zukunft zu. In der Vergangenheit erlebte positive Erfahrungen bei der Erledigung von Herausforderungen führen zu einer Zuversicht, auch zukünftig mithilfe eigener Kompetenzen andere Problemstellungen bewältigen zu können. Misserfolge nähren die Befürchtung,

---

[25] Vgl. Psychomeda, Stichwort Selbstwirksamkeit.
[26] Vgl. Urton (2017), S.2-3.

ähnliche Situationen auch in Zukunft nicht bewältigen zu können und führen zu einer Steigerung einer Misserfolgserwartung.[27]

3.2.2 Interpretation eigener Gefühlserregung

Die Wahrnehmung der eigenen Gefühle in einer herausfordernden Situation spielt eine bedeutsame Rolle für die Ausprägung der Selbstwahrnehmung. Welche Situationen lösen welche Gefühle aus und prägen die individuelle Wahrnehmung? Fördert eine gewisse Grundanspannung oder ein erhöhter Puls eher die Motivation einer Person oder wird diese durch Stressfaktoren eher geschwächt? Die Gefühlserregung ist abhängig vom Kontext der Situation und der jeweiligen Persönlichkeit. Im sportlichen Bereich kann der beschriebene Zustand leistungsförderlich erscheinen, im schulischen oder beruflichen Kontext können diese körperlichen Stresssignale aber auch negativ gewertet und als Zeichen von Schwäche gedeutet werden.[28]

3.2.3 Stellvertretene Erfahrung

Selbstwirksamkeit entsteht nicht nur durch eigene Erfahrungen, sondern auch durch Erfahrungen anderer. Das Beobachten von Menschen, die eine schwierige Aufgabe meistern, stärkt das Gefühl, ebenfalls in der Lage zu sein, diese oder ähnliche Aufgaben meistern zu können.

„Bandura bezeichnet diese Quelle der Selbstwirksamkeit als stellvertretende Erfahrungen. Dabei funktioniert das Lernen von anderen nicht bei x-beliebigen Modellen. Unsere Selbstwirksamkeit wird nur von jenen Menschen beeinflusst, die uns wichtig oder ähnlich sind."[29]

Der Mensch benötigt ein Vorbild, um sich selbst ein Handlungsmuster erschaffen zu können. Dabei ist es von Vorteil, wenn dieses Vorbild beim Bewältigen einer ähnlichen Aufgabe auch ähnliche Grundvoraussetzungen mitbringt, um die Erfolgszuversicht beim Betrachter zu steigern.[30]

---

[27] Vgl. Barysch (2016).
[28] Vgl. Jerusalem (2002).
[29] Mauritz (2021).
[30] Vgl. Jerusalem (2002).

3.2.4 Verbale Ermutigung

Die Selbstwirksamkeit kann auch von außen an eine Person herangebracht werden, in dem diese sie ermutigt, den eigenen Fähigkeiten zu vertrauen. Die ermutigende Person kann sich dabei auf bereits absolvierte Erfolgserlebnisse der zu motivierenden Person beziehen und diese mit der aktuellen Herausforderung in Verbindung bringen. Sie kann hierbei auch die Quellen der eigenen Erfahrung und der Gefühlserregung mit einbeziehen und so ein komplexes Muster erstellen.[31]

3.3 Kardiologische Rehabilitation

Die kardiologische Rehabilitation ist spezialisiert auf Menschen mit Herzschwächen oder Herzproblemen, die nach einem Herzinfarkt oder nach einer Operation am Herzen schrittweise in den Alltag reintegriert werden sollen. Die Maßnahmen dienen die Leistungsfähigkeit und Widerstandskraft der Patienten wieder herzustellen und zu kräftigen. Diese Form der Rehabilitation verbessert schrittweise durch facettenreiche Übungseinheiten den Patienten und stärkt diesen nachhaltig. Während einer Reha werden nützliche Verhaltensstrategien vermittelt, um den Patienten in die Lage zu versetzen, alte und neue Herausforderungen des Alltags zu meistern. Gleichzeitig sollen die Maßnahmen dazu führen, dass die Risikofaktoren für einen gesundheitlichen Rückfall gemindert werden. Neben der körperlichen Rehabilitation gibt es mittels einer psychologischen Betreuung u.a. auch Trainingseinheiten zur Bewältigung von Stress- und Konfliktkonstellationen, um die erlebte Schadenssituation besser verarbeiten zu können.[32]

3.4 Ansatz zur Förderung des Bewegungsverhaltens

„Der Einfluss von körperlicher Aktivität auf das Wohlbefinden und die Gesundheit ist unbestritten: Bewegung ist (…) von zentraler Bedeutung (…). Darüber hinaus

---

[31] Vgl. Franzen (2021).
[32] Vgl. Siems, Bremer, Przyklenk (2009).

gilt Bewegungsmangel als ein zentraler Risikofaktor für die Entstehung vieler nicht übertragbarer Krankheiten wie Herz-Kreislauf-Erkrankungen (…)."[33]

Eine kardiologische Rehabilitation ist komplex und umfasst mehrere Bereiche: zum einen ein körperliches Trainingsprogramm, um die körperlichen Fähigkeiten wieder herzustellen, zum anderen den Umgang mit der Medikation und den neuen Lebensumständen, um möglichst schnell das gesundheitliche Wohlbefinden des Patienten wiederherzustellen. Dabei gilt es, neben den körperlichen Fähigkeiten auch die kognitiven Fähigkeiten zu trainieren. Die Intensität der Rehabilitationsmaßnahmen orientiert sich an der Rehabilitationsfähigkeit des Patienten. Es wird zwischen einer uneingeschränkten und eingeschränkten Rehabilitationsfähigkeit unterschieden sowie im Fall der Pflegebedürftigkeit noch in eine aufgehobene Rehabilitationsfähigkeit.[34]

„Die Sporttherapie ist „eine bewegungstherapeutische Maßnahme, die mit geeigneten Mitteln des Sports gestörte körperliche, psychische und soziale Funktionen kompensiert, regeneriert, Sekundärschäden vorbeugt und gesundheitlich orientiertes Verhalten fördert. Sie beruht auf biologischen Gesetzmäßigkeiten und bezieht besonders Elemente pädagogischer, psychologischer und sozial-therapeutischer Verfahren ein und versucht eine überdauernde Gesundheitskompetenz zu erzielen"[35] Diese Therapie erfolgt durch die Betreuung von Fachärzten und geschultem Personal. Das übergeordnete Ziel ist die Verbesserung der Lebensqualität, welche durch eine Verbesserung der körperlichen Leistungsfähigkeit, und der Alltagsbelastbarkeit angestrebt wird.

Für eine Behandlung und Rehabilitation von herzkranken Patienten ist es wichtig, Risikoverhaltensweisen abzubauen und Gesundheitsverhaltensweisen aufzubauen, damit auch nach Entlassung aus der Rehabilitation das Risiko eines Rückfalls minimiert wird. Es gilt eine lebenslange Nachsorge des Patienten auch durch niedergelassene Ärzte sicher zu stellen und z. B. eine Teilnahme an

---

[33] Bundesministerium (2022).
[34] Vgl. Willemsen, Cordes, Bjarnason-Wehrens, u.a. (2016).
[35] Willemsen, Cordes, Bjarnason-Wehrens, u.a. (2016).

ambulanten Herzgruppen, ärztlich geleiteten Sportgruppen zu organisieren.[36] Ungesunde Verhaltensweisen wie rauchen, der Verzehr von übermäßigen tierischen Fetten und Gewichtszunahme sollten durch regelmäßige körperliche Bewegung und Ernährungsumstellung ersetzt werden. Das Körperbewusstsein kann durch autogenes Training, Pilates und Yoga verbessert werden. Physiotherapeutische Maßnahmen und leichtes Aquatraining sind ebenfalls für herzkranke Patienten empfehlenswert.

Hinzu kommt das Erlernen des selbstständigen Umgangs mit der Medikation, einem Herzschrittmacher oder einem Generator. Es ist wichtig, dass der Patient diesen Umgang im Rahmen von körperlicher Aktivität und während der Belastungen im Alltag, in der Freizeit und im Berufsleben erlernt. Ziel ist es, Sicherheitsaspekte im Umgang zu gewährleisten und das Schulen von Belastungsempfinden und Belastungsbeurteilung des Patienten zu trainieren. Der Patient soll in die Lage versetzt werden, eine realistische Selbsteinschätzung vornehmen zu können. Das Training zur realistischen Selbsteinschätzung gilt dabei als Schlüssel zur Krankheitsbewältigung und für eine seelische Stabilisierung.[37]

Auch in Bezug auf die Selbstwirksamkeitserwartung ist die körperliche Grundverfassung von besonderer Bedeutung: Je besser die körperlichen Grundvoraussetzungen sind, desto größer ist die Chance auf eine erfolgreiche Rehabilitation und eine Rückkehr in das alltägliche Leben. Um die Selbstwirksamkeitserwartung des Patienten nach einer Herzerkrankung oder Operation wiederherzustellen, muss der Patient neu lernen seinen Fähigkeiten zu vertrauen. Er muss lernen, sich mit der neuen Situation zu arrangieren und für sich ein neues, an die Gegebenheiten angepasstes Selbstbild erarbeiten. Diese Ziele setzen neben einer sportlichen Rehabilitation auch eine enge psychologische Begleitung voraus. Letztere kann die Selbstwahrnehmung des Patienten, dessen Ängste, Vorstellungen und Hoffnungen frühzeitig erfassen. Auf Grundlage dieser umfassenden Anamnese kann mit psycho- und physiotherapeutischen Maßnahmen auf die Bedürfnisse reagiert werden. Je größer das Vertrauen des Patienten in sich selbst ist und er einen sicheren

---

[36] Vgl. Knoll, Scholz, Rieckmann (2017), S. 189.
[37] Vgl. Willemsen, Cordes, Bjarnason-Wehrens, u.a. (2016).

Umgang mit der Krankheit gewinnt, desto höher ist die Chance auf eine Rückkehr ins Alltags- und Berufsleben.

Die Selbsterwartung des Patienten wird auch durch das Vertrauen in die behandelnden Personen gestärkt. Diese müssen die Vorstellungen des Patienten erfassen, um ihn so zu fördern, dass seine Stärken und Schwächen für ihn sichtbar sind. Eine Transparenz des gesamten Rehabilitationsprozesses und dessen Maßnahmenkatalog ist für den Patienten unerlässlich. Er erhält die Möglichkeit, seine sich im Gesamtprozess verändernde Selbsteinschätzung mitzuteilen. Eine positive Selbstwahrnehmung kann den Erfolg der Rehabilitation verstärken, da sie den Patienten motiviert und er dadurch bessere Leistungen erzielt. Eine Transparenz in Hinblick auf die Erfolge wirkt sich motivationsfördernd aus, d.h. dass die Dokumentation auch von kleineren Erfolgsschritten dazu führt, dass der Patient sich seiner Erfolge bewusst wird, die sonst für ihn nicht unbedingt sichtbar wären.

Patienten mit einer niedrigen Selbstwirksamkeitserwartung machen langsamer Fortschritte, weil sie davon überzeugt sind, der Belastung nicht gewachsen zu sein. Sie haben Angst vor einer gesundheitlichen Schädigung aufgrund einer körperlichen Überforderung oder auch aufgrund mangelnder Eigenkompetenz in Bezug auf die Medikation. Besonders für diese Personen bedarf es Interventionen, um die Therapiemaßnahmen auf ihre Selbstwahrnehmung anzupassen und die Motivation zu fördern. Hier könnte eine hundegestützte Intervention Anwendung finden, die sowohl die körperliche Aktivität des Patienten als auch sich positiv auf die Psyche auswirkt. Ein Therapiebegleithund ist für die therapeutische Arbeit ausgebildet und kann durch gezielten Einsatz positive Auswirkungen auf das Erleben und Verhalten von Menschen erzielen. Solch eine Therapieform lässt sich auch in der Nachsorge noch organisieren und erhöht die Bewegungseinheiten und den Lebensmut des Betroffenen. Voraussetzung ist das Einhalten tierethischer Auflagen, die den Einsatz von Tieren kontrollieren und begrenzen.[38]

Der Austausch zwischen Patienten mit Herzerkrankungen oder ähnlichen Erkrankungen kann für den Gesundheitsprozess von Bedeutung sein. Sie können sich gegenseitig stärken und motivieren, ihre Erfahrungen miteinander

---

[38] Vgl. Beetz, Riedel, Wohlfahrt (2021), S. 170.

teilen. Dies kann auch während gemeinsamer Spaziergänge stattfinden, um den Faktor Bewegung in den Alltag verstärkt wieder einzubauen. So wird die Selbstwirksamkeit der Patienten nicht nur durch die eigene Erfahrung und die verbale Ermutigung gefördert, sondern ebenfalls durch die Quelle der stellvertretenen Erfahrung. Auch der Austausch zwischen Patienten mit einer hohen und einer niedrigen Selbstwirksamkeitserwartung kann motivationsförderlich wirken. Beide haben zwar ein unterschiedliches subjektives Gesundheits- und Krankheitskonzept. Der Patient mit dem positiven Selbstbild kann jedoch als Vorbild für den Patienten mit dem niedrigen Selbstbild fungieren und ihn damit zu eigener Leistung motivieren. Dieser psychologische Aspekt ist für die Wiederherstellung der ganzheitlichen Gesundheit sehr wichtig. Auch in Bezug auf Rehabilitationskonzepte für Patienten mit Herzerkrankungen oder nach einer Operation zeigt sich die Relevanz des Zusammenspiels mehrerer Faktoren, die für eine ganzheitliche Genesung gleichzeitig gefördert werden müssen. Jeder Patient bringt unterschiedliche Grundvoraussetzungen mit und es bedarf einer detaillierten Diagnostik, um diesen in Hinblick auf seine Selbstwirksamkeitserwartung und sein Gesundheits- und Krankheitskonzept zu rehabilitieren.

Literaturverzeichnis

Bandura, A. (1993) Perceived Self-Efficacy in Cognitive Development and Functioning. In: Educational Psychologist. 28 (2), S. 117–148.

Bandura, A. (1977) Self-efficacy: Toward a unifying theory of behavioral change. Psychological Review, 84, 191-215.

Barysch, K. (2016) Selbstwirksamkeit, In: D. Frey (Hrsg.), Psychologie der Werte, S. 202 – 209, Berlin Heidelberg: Springer Verlag, Zugriff am 20.08.2022. https://link.springer.com/content/pdf/10.1007%2F978-3-662-48014-4_18.pdf.

Beetz, A., Riedel, M., Wohlfarth, R. (Hrsg.) (2021), Tiergestützte Interventionen. Handbuch für die Aus- und Weiterbildung. München: Ernst Reinhardt Verlag.

Beise, U., Heimes, S. (2009) Rehabilitation. In: Gesundheits- und Krankheitslehre (2009) Kapitel 3, S. 33-36. https://link.springer.com/content/pdf/10.1007%2F978-3-642-01315-7_3.pdf.

Betanet, beta Institut gemeinnützige GmbH (2003 – 2022) Rehabilitation, Zugriff am 18.08.2022. https://www.betanet.de/rehabilitation.html#:~:text=Die%20bekanntesten%20Lei stungen%20sind%20Medizinische%20Reha-Ma%C3%9Fnahmen%2C%20Umschulungen%2C%20Reha-Sport%2C,Begriff%20%22Rehabilitation%22%20oft%20nur%20die%20%22Me dizinische%20Rehabilitation%22%20gemeint.

Betanet, beta Institut gemeinnützige GmbH (2003 – 2022) Berufliche Reha, Zugriff am 18.08.2022. https://www.betanet.de/berufliche-reha-leistungen.html.

Betanet, beta Institut gemeinnützige GmbH (2003 – 2022) Medizinische Rehabilitation, Zugriff am 18.08.2022. https://www.betanet.de/medizinische-rehabilitation.html.

Betanet, beta Institut gemeinnützige GmbH (2003 – 2022) Ergänzende Leistungen zu Reha, Zugriff am 18.08.2022. https://www.betanet.de/ergaenzende-leistungen-zur-reha.html.

Betanet, beta Institut gemeinnützige GmbH (2003 – 2022) Teilhabe an Bildung, Zugriff am 18.08.2022. https://www.betanet.de/teilhabe-an-bildung.html.

Betanet, beta Institut gemeinnützige GmbH (2003 – 2022) Leistungen zur sozialen Teilhabe, Zugriff am 18.08.2022. https://www.betanet.de/soziale-rehabilitation.html.

Bundesministerium für Gesundheit (2022) Bewegung und Bewegungsförderung, Zugriff am 21.08.2022. https://www.bundesgesundheitsministerium.de/ministerium/ressortforschung-1/handlungsfelder/forschungsschwerpunkte/bewegungsfoerderung.html.

Bundesverwaltungsamt (2022) Rehabilitationsmaßnahmen §§ 34, 35 und 36 Bundesbeihilfeverordnung, Zugriff am 19.08.2022. https://www.bva.bund.de/DE/Services/Bundesbedienstete/Gesundheit-

Vorsorge/Beihilfe/7_Themen/Rehamassnahmen/rehamassnahmen_node.html#:
~:text=F%C3%BCr%20folgende%20Rehabilitationsma%C3%9Fnahmen%20ge
n%C3%BCgt%20f%C3%BCr%20den%20Nachweis%20der,ambulante%20Reh
abilitation%20in%20wohnortn%C3%A4he%204%20Rehabilitationssport%20un
d%20Funktionstraining.

Das Rehaportal (2020) Therapieziele der kardiologischen Reha, Zugriff am
21.08.2022. https://www.qualitaetskliniken.de/reha-haeufige-
fragen/kardiologische-reha/#part-946.

Deutsche Rentenversicherung (2022) Allgemeine medizinische Reha, Zugriff
am 20.08.2022. https://www.deutsche-
rentenversicherung.de/DRV/DE/Reha/Medizinische-Reha/Allgemeine-med-
Reha/allgemeine-med-reha.html.

Franzen, K. (2021) Quellen der Selbstwirksamkeitsüberzeugung von
Grundschullehrkräften im Kontext inklusiver Erziehung und Bildung, Zugriff am
20.08.2022. https://link.springer.com/content/pdf/10.1007/978-3-658-34964-
6.pdf.

Gemeinsamer Bundesausschuss (2004) Richtlinie des Gemeinsamen
Bundesausschusses Richtlinie über Leistungen zur medizinischen
Rehabilitation, Zugriff am 19.8.2022. https://www.g-ba.de/downloads/62-492-
2842/Reha-RL_2021-12-16_iK-2022-07-01.pdf.

Glattacker, M., Heyduck, K., Meffert, C. (2010) Subjektive Krankheits- und
Behandlungskonzepte als Grundlage für eine bedarfsgerechte
Patienteninformation, Zugriff am 19.08.2022. https://www.uniklinik-
freiburg.de/fileadmin/mediapool/08_institute/qm-
sozmed/RFV/RehaUpdate/RehaUpdate2010_01/RehaUpdate_Glattacker.pdf.

Graf v. Westpfahlen, G. (2003) Stichwort Krankheit in DocCheck Flexikon: Das
Medizinlexikon zum medmachen, Zugriff am 20.08.2022.
https://flexikon.doccheck.com/de/Krankheit?utm_source=www.doccheck.flexiko
n&utm_medium=web&utm_campaign=DC%2BSearch

Jerusalem, M. (2002): Selbstwirksamkeit und Motivationsprozesse in
Bildungsinstitutionen, Weinheim: Beltz Verlag.

Knoll, N., Scholz, U., Rieckmann, N. (2017) Einführung Gesundheitspsychologie (4. Aufl.), München: Ernst Reinhardt Verlag.

Mertz, S. (2005) Stichwort Gesundheit in DocCheck Flexikon: Das Medizinlexikon zum medmachen, Zugriff am 20,08.2022. https://flexikon.doccheck.com/de/Gesundheit?utm_source=www.doccheck.flexi kon&utm_medium=web&utm_campaign=DC%2BSearch.

Mauritz, S. (2021) Schutzfaktor Selbstwirksamkeitserwartung, Zugriff am 20.08.2022. https://www.resilienz-akademie.com/schutzfaktor-selbstwirksamkeitserwartung/#:~:text=Bandura%20bezeichnet%20diese%20Qu elle%20der%20Selbstwirksamkeit%20als%20stellvertretende,Menschen%20be einflusst%2C%20die%20uns%20wichtig%20oder%20%C3%A4hnlich%20sind.

Psychomeda, Lexikon der Psychologie (2008 – 2022) Stichwort Selbstwirksamkeit, Zugriff am 20.08.2022. https://www.psychomeda.de/lexikon/selbstwirksamkeit.html.

Siems, W., Bremer, A., Przyklenk, J. (2009) Rehabilitation in Allgemeine Krankheitslehre für Physiotherapeuten, Zugriff am 18.08.2022. https://link.springer.com/content/pdf/10.1007%2F978-3-540-33436-1_6.pdf.

Sozialgesetzbuch (SGB IX) (2022) Rehabilitation und Teilhabe von Menschen mit Behinderungen, neuntes Buch, § 5 SGB IX Leistungsgruppen, Zugriff am 18.08.2022. https://www.sozialgesetzbuch-sgb.de/sgbix/5.html.

Urton, C. (2017). Selbstwirksamkeitserwartung - Was bedingt sie und wie kann sie gefördert werden? (Nr.3).

Potsdamer Zentrum für empirische Inklusionsforschung (ZEIF), Zugriff am 21.08.2022. https://www.uni-potsdam.de/fileadmin/projects/inklusion/PDFs/ZEIFBlog/Urton_2017_Selbstwirk samkeitserwartung.

Weinman, J., Heijmans, M., Figueiras, M. (2003) Carer perceptions of chronic illness. In: Cameron, L.D. and Leventhal, H., Eds., The Self-Regulation of Health and Illness Behaviour, Routledge, London, 207-219.

Weis, J. (2000) Interventionsmethoden in der Rehabilitation in Grundlagen der Rehabilitationswissenschaften; S. 121 – 138, Zugriff am 18.08.2022. https://link.springer.com/chapter/10.1007/978-3-642-57114-5_7.

Willemsen, D.,Cordes, C. ,Bjarnason-Wehrens, B., u.a. (2016) Rehabilitationsstandards für die Anschlussheilbehandlung und allgemeine Rehabilitation von Patienten mit einem Herzunterstützungssystem (VAD – ventricular assist device), Zugriff am 21.08.2022. https://link.springer.com/article/10.1007/s11789-015-0077-x.

Wegweiser Arbeitsfähigkeit (2018) Aufgaben und Leistungen der Rehabilitationsträger, Zugriff am 19.08.2022. http://www.wegweiser-arbeitsfaehigkeit.de/patienten/sozialmedizinische-rahmenbedingungen/ar-aufg-und-leistungen-der-rehatraeger.